古董玉器装饰选粹

金昭玉粹

丁峰 编著

中国美术学院出版社

代序

漫谈金镶玉的历史溯源与创意设计
信利博物馆

在中国传统文化中，金与玉是二种代表着富贵、地位与人生价值的宝物。金的贵重是物质富裕的象征；玉则象征着人格、品德上的坚守与高尚。因此，自古以来金玉堪称为尊贵吉祥与超凡脱俗的完美结合。而金与玉镶合，更是体现了人们物质与精神财富共得的美好希冀，是名符其实的"金玉良缘"。

纵观历史，这种将金玉揉合在一起而强化皇家贵族身份的宝贝，据考证最早在西周时期就已经出现。在三千多年前出土的那些组玉佩中，就有金质管珠与玛瑙松石等类玉品种串掇在一起的样式，成为西周贵族重要的佩饰。春秋晚期尤其是战国至西汉时候，这种金与玉的组合工艺几乎达到了炉火纯青的程度，并且不时出现在一些著名的贵族墓葬中，因此便有摄人心魄的巅峰之作，流传于后世；一直到明清，这类金镶玉的制品佳作叠出，争奇斗彩，让今人大饱眼福。

河南省文物研究所藏有一件出土于河南淮阳平粮台16号战国墓中的金柄玉环首（图一）。此环首为金玉镶嵌工艺在早期阶段较为成熟的实物之一。环首玉料呈淡青色，有棕黄色沁斑。玉质呈半透明，有光泽。器型为椭圆形，片状。玉环内外边缘雕琢阴刻线，双面勾云纹。金柄剖面呈长方形，套扣于玉环首的一侧。金柄向外伸延的一端可见残断的铜削遗迹，据此可以推知此器应是铜削的金柄玉质环首，结合该墓葬出土的其他文物品种，可以证明这种金柄玉质环首拥有者的身份，在该时期具有相当高的地位和等级。

图一

在国家博物馆的展览陈列中，有一件十分豪华富丽的鎏金嵌玉镶琉璃银带钩（图二），从器型和纹饰工艺看，这件带钩为战国晚期的文物，据称是辉县固围村魏国墓葬中的贵族遗物，在早年被盗之余的偶存器物中发现——其华贵程度在所有同时期贵族用带钩中堪称极品。带钩长为18.7厘米，宽4.9厘米，中腹一孔孔径1.1厘米，器型硕大，底托为银质，钩体正视似琵琶形，侧视似双龙首璜。一端龙口衔一鸭头式白玉质弯钩，雕琢细致。龙身盘绕于钩身两侧，中部又有二凤鸟栖止其间，龙与凤鸟均为包金浮雕；脊背正中嵌有三块白玉玦（瑱），面琢谷纹。前后两块的中心，各嵌入一粒彩色琉璃珠（料器），显得五色相渲，玲珑剔透。从这件带钩的创意设计上我们可以看到，居于主体地位的，实际上是那晶莹洁白的玉玦，金银和琉璃都在起着衬托和对比的作用。把纯净的洁白之玉器置于审美对象的主体地位，而由浓淡相宜的五色珠宝加以衬托，这反应了古代艺术家一种很高的审美境界，也代表了战国后期治玉与镶嵌工艺的最高水平。

广东省博物馆收藏的一件金柄谷纹玉环（图三），同样为这一时期一件精彩的镶金玉佩。这件玉环出土于广东省肇庆市北岭松山战国墓中，其直径为4.7厘米，孔径1.7厘米；金柄长2.5厘米，宽0.8厘米；玉环内外有齿棱，双面饰云纹，一面为阴刻，另面则为凸起的阳纹；金柄作长方形，镶嵌于圆环上，柄端有銎，銎内装三棱形铜条。这种金镶玉的工艺与上述河南省文物研究所所藏的金柄玉环首如出一辙，可以推测二千多年前的镶金玉饰，已经开始在贵族阶层中得以广泛的引用和流行。

汉代的金镶玉在继承前朝工艺的基础上，在器型的开发和拓展方面有了更大的突破。较为著名的是陕西省博物馆展出的三件玉杯。此三件玉杯在2010年西安市长安区汉宣帝杜陵遗址出土，形制基本相同，其一高13.5厘米，口径6.8厘米，底径4.5厘米，口沿和底沿镶嵌金扣（图四）；玉杯通体打磨光润，直口圆筒形，喇叭形高足，口部、腹部均刻宽双凹线夹宽凸线。杯口沿与底足处的的包金，既有美化作用，也加固了杯身。据《汉书》等

图二　　　　　　　　图三　　　　　　图四

文献记载，此类玉杯的功能是承接露水，用以服食玉屑以求成仙。此类玉杯金镶玉的装饰技法，显露出富丽堂皇的皇家气派，是弥足珍贵的大汉宝玉！

而及至东汉，传说中王莽篡位时在传国玉玺上镶嵌黄金，虽无实物可证，却也是有史以来最为有名的金镶玉故事……除了那些实用器皿使用金镶玉工艺外，汉代还有较多的首饰如发饰、耳饰以及佩饰，同样运用金玉相间的技术，并采用镶嵌、镂空、透雕、圆雕以及高浮雕手法等，创造出一个个精致美观的杰作。举世闻名的"金缕玉衣"，更是使汉代的金镶玉工艺达到了登峰造极的地步，在中国玉文化及工艺美术史上具有极其重要和不可替代的地位。

隋唐以降，类别不同的各种金镶玉物品，继续在上流社会中流行。由于隋唐时社会安定繁荣，审美能力与工艺水平也随着生产力水平显著提高，使得金镶玉首饰的造型、纹样、搭配以及制作工艺等也有很大拓展。在陕西省西安市李静训墓中，出土一件玉杯，大口，口沿内外镶金带一周，金沿宽0.6厘米，平唇，略微向外折出，体圆，深腹，下有假圈足，平底实足（图五）。此杯由上等白玉雕琢而成，通体光洁无纹，保存亦相当完整，其柔和的光泽、温润的玉质、凝练的造型使得这件小小的器物显得高贵典雅、气宇不凡，成为隋代玉器的代表作品之一。而陕西西安大明宫遗址出土的唐代白玉镶金佩（图六），同样体现了这一时期金镶玉的极高水准。玉佩呈三角形，两腰为三连弧形，单面雕琢。叹为观止的是其错金工艺，通过流畅的圆弧曲线和抽象变形的艺术创意，刻划了一幅双凤腾飞的形象，使一件简单的玉佩，变成了一个富有审美情趣的珍稀的艺术品。同时期的还有陕西西安南郊何家村出土的镶金玉镯（图七），更是集富贵与奢华于一身，那种以玉衬金、以金托玉的构思，以及运用自如的镶金技术，使玉佩饰制品通过金的镶嵌和点缀，在审美和实用的结合上，达到了完美的统一。

图五　　　　　　　　图六　　　　　　　　图七

如果说唐代如三角形错金玉佩、镶金玉镯等金镶玉工艺，开创了佩戴类玉佩饰制作的先河，那么到了元明，这种以佩戴类玉饰为精心加工对象的金镶玉技法，得到了更好的发扬并被光大，同时出现了不少供王孙公子佩戴或赏玩的富丽堂皇的精品杰作。

1982年12月，山东省滕州市城郊乡韩桥村东的高地上群众在施工时发现一大元司马总管李元墓，其中有一对金镶玉耳坠（图八），为典型的元代装饰品，其耳坠主体为青白玉质玉人，以金丝镶嵌。玉人呈裹袖跪坐状态，头梳高髻，瘦长脸型，阴线刻出媚眼五官；玉人身着无袖长袍，一为右衽，一为左衽，衣纹用几道斜阴线勾出，此对玉人耳坠，形制殊异，造型简约，意蕴则沉郁深刻，表现出元代时期中国古典艺术品的重要特点。明代的金镶玉物件，其出彩之作也是不胜枚举。其中最为突出的，当数湖北省博物馆所藏钟祥市梁庄王墓出土的带板系列（图九）及其他藏品。在那些多层镂空雕琢的一个个玉带板四周，金灿灿的金包玉工艺将我们带到了一个极度富丽奢华的艺术天地。那些带板等佩饰，以玉为主体，金为依托，金与玉主次分明，相得益彰，极具震撼人心的艺术效果。梁庄王墓出土的金镶玉系列作品，可以说代表了明代玉器镶金技术的最高水平，是我们系统认识明代玉器雕琢与镶嵌技术的最好最全面的学习教材。

除此以外，同样值得一提的是，1969年上海黄浦区南市朱察卿墓出土的一件金嵌宝镶玉蝴蝶簪首（图十），为典型的明代中期藏品。此簪首为半圆雕，5.1厘米长，为张开翅膀的蝴蝶造型；翅膀有多道阴刻线表示脉络，翼边呈波折，尾部有皮囊线六条，蝶体镶附在金托之上，并有两根细长金丝作长鬚前展；尾、翼部嵌有红色宝珠，以作点缀。与湖北省梁庄王出土的明代金镶玉相比，虽然在工艺上的构思技巧以及制作上的精细程度不相上下，但是在玉器题材的表现上，显然远不及梁庄王墓玉器立意的高深与生动。换句话说，蝴蝶作为一种花草鸟虫类小品的题材，与那些气势磅礴的龙飞凤舞类题材相比，便显得更为世俗或普通了一点，这是我们需要厘清的一点区别。但正因为如此，这件金嵌宝镶玉蝴

图八　　　　　　　　　图九　　　　　　　　　图十

蝶簪首所带给我们的启发是，与以往乃至更早时期常常以金镶玉技艺来表现贵重豪华的皇家之器不同，起码从明代开始，那些民间的、世俗的题材也慢慢开始进入金镶玉的技艺圈子了。

到了清代乾隆年间，当时由外国进贡具有伊斯兰风格的"痕都斯坦"玉器让乾隆帝爱不释手，便当即下令：金镶玉只为宫中所有，不予外传，并命内务府造办处仿制。宫中的玉师用他们的智慧和汗水，结合乾隆宫廷的技艺，终于创造出了象征皇家气魄的金镶玉玉器（图十一）。于是金镶玉迎来了在中国历史上又一个兴盛的时期。

而另一方面，清代那些传承了明代世俗风格的佩饰类金镶玉器，也开始广泛流行，其品种虽是千姿百态、臻品迭出，但俗不可耐的劣作，也时有所见，如那件清代金镶珠翠软镯（图十二），非但形制别扭，况且选料普通，设计累赘，色泽搭配艳俗，构图不伦不类，既不中看，更遑论中用？因此金、玉凡是与世俗搭边，便会风光殆尽——即便是清宫旧藏，也未能幸免。清代末期，皇族没落，大批的宫廷技艺就在这个时期失传了，乾隆工金镶玉便是其中之一。

经过漫长历史岁月的沉睡，时代发展到今天，随着时代的进步和人们对生活质量的不断追求，金镶玉工艺得到复苏和振兴。与古人所不同的是，在古代，先人们对于金镶玉的制作，通常是在同代的玉器上给予金的衬托与镶嵌，而少有将前代玉器作为选用的主体材料；而今人在加工制作金镶玉时对于玉料的选择，可以是当代的（这方面比较成功的先例并为人们所津津乐道的即是2008年的北京奥运会奖牌），也可以是古代的。在改革开放时期，特别是近几年来，古代艺术品的赏玩与收藏渐渐成为一种新的时尚，而对于那些既有爱美之心又注重历史文化内涵的有识之士来说，金镶古玉的饰品似乎更是他们情有独钟的选择。

图十一　　　　　　图十二

VI

然而无论是利用新玉还是古玉作为金镶玉的主体，要将寻常的佩玉饰件改造成一件焕然一新的艺术装饰品，其中工匠的创意设计与工艺上的精心制作十分关键。而且较新玉而言，古玉佩饰的金镶玉制作对于设计者在艺术与审美涵养方面的要求，有着更为苛刻的条件。因此，对于一件成功的金镶古玉佩饰件，除了严谨细致的后期工艺制作，它在前期那种富于艺术和美学内涵的创意与构思，具有至关重要的作用。总体而言，金镶古玉的创意设计，如要达到人见人爱的效果，大致上应该遵循以下一些需要掌握的基本原则：

一、美观与实用相统一的原则。对于那些流传于世的各代古玉，由于使用和功能上的时代差异，有些器形，其本身尚有适宜今人佩戴装饰的特点，比如那些雕琢精美、小巧玲珑的璧、环之类或者有些形制与图案都比较接近于现代审美习惯的玉佩等等，它们即便离开了金的衬托，依然不影响装点的时尚和美观，那么，我们可以忽略对它们的再创作，而直接用于垂挂佩戴。但同时我们注意到，有较多的古代玉佩，美则美焉，但由于迎合了那个年代的功能需要，因此在器形上并不适合今人的装饰，这样，就需要对这些古玉做一些形制上的改变与创造，但这些改变与再创造的前提，是既不能破坏古玉本身的美的质地与实物内涵，又要适合于现代人的装点与打扮，也就是做到美观与实用相统一的原则。图十三、图十四是两件西周晚期到春秋早期的盾形玉饰，此类玉饰，尺寸较小，长宽约3厘米左右，厚仅0.5厘米，且正反呈凹凸，表面不平整，在当时应该是某类串饰中的散件之一。如果将这种古玉直接佩戴在胸前，那么由于器型不够周正、边缘棱角突现而显得不太合适。现在，工匠或以对称的金质条状加碎钻点缀，在古玉外围编织一个颇有装饰作用的花纹；或以一对抽象的龙纹衔接一体，充填于玉佩上端的凹陷之处——通过这样的手法，既保持了古玉的质地与纹饰之美，又填补了因器型别扭而不宜佩戴的缺陷，起到了典雅而华贵的美化效果。这样的设计，使玉佩的观赏性与实用性达到了较为完美的统一，是金镶古玉创意设计比较成功的范例。

图十三　　　　　　图十四

二、主体与附设相交融的原则。我们知道，作为镶金的主体——任何一件古玉，其所雕塑的形象和刻划的图案，都具有特定的时代意义，如商周时期各种动物与飞禽走兽，题材众多，而其中以龙、虎、牛、鸟等物类最为普遍；而战国与汉代时期，则以龙凤及四灵神物的素材特别流行。因此，那些肖生类古玉的器型与纹饰，是那个时代先人们所崇仰的宗教精神和文化体现。这样，我们要求工匠在设计这类古玉佩饰的时候，要将古人那种精神信仰和文化内涵，与新增的因素有机协调和结合起来，从而使作为附件的镶金部分，与主体玉佩达到一种水乳交融的效果。图十五与图十六是两件商周时期的玉佩——玉龙与玉牛，如前所述，此两件玉佩的背景意义与先人的信仰有关，而在形制上，由于器物的不规范性，因此在佩戴时会显得比较别扭。这里，工匠富于创新手法的设计，则改变了这种别扭的情况：我们看到，在领会了时代风格的基础上，工匠设计了两只形态不同的小巧的金质凤鸟，附身于龙与牛的背上，其中龙背上的凤鸟引颈昂首，其器型模仿了山西省博物馆的出土龙凤玉佩残件；而牛背上的凤鸟则翘臀俯首、与牛的憨态形成鲜明对比——这样的构思，比如龙与凤的组合，在题旨上同样切入了古人的思维；而牛与鸟的器型，在商代也是大量流行的题材——显然，如此巧妙的"嫁接"，既使玉佩由形制的不规则变为更加平衡与协调，更使玉佩的内涵与情趣得到了充分的展现，自然不失为一种很好的创意。

三、随形施艺的原则。在浩如烟海的古代玉器宝库里，形形式式的器型在不同的年代都有着各不相同的功能和用途，因此，每一件古玉，并不如我们现代人通常所理解的那样，只是用作佩挂与装饰。较多的古玉，是需要设计师依据主体器型的形态和内涵，来进行适度的艺术加工和再创造，才能成为一件理想的佩坠。图十七是一件战国时期的玉蝉，高约3厘米，很小；长方半圆形状，敛翼，束颈，一对圆目突出。这里，工匠构思设计时忽略了对于尾部的装饰，而侧重于头、颈部的点缀，并且利用颈部的束腰部分，以金丝缠

图十五　　　　　　　　图十六　　　　　　　　图十七

绕一周，于中部嵌宝，使其凸显，与突出的双目互为映衬，加上嘴部的小花纹装饰，便将一件小得几乎让人忽略的玉器，变成了一个艳丽夺目的艺术小品。而反之，图十八则是一件形制规正的"工"字形玉佩。此类玉佩长约3公分左右，看似规正，而实则规而不正：比如边框压地使中部凸起，故边缘薄刃；腰部琢凹槽，内有横穿孔；两面不平，且无纹饰图案。此类器物，为汉代所独创，据说可作辟邪之用。而以今人的眼光用以佩戴，似略感单调。于是，工匠根据器型四周较为方正的特点，干脆将计就计，顺势而为，沿着四周镶金一圈，并顺着凹槽处横一连珠，中间以红宝镶嵌，设计成一件方方正正的佩饰玉器。此二件玉器的设计经验告诉我们，有不少古玉由于它们的"先天条件"较好，也即形制中规中矩，大小方圆适中，那么我们大可不必节外生枝，对它们做过多的渲染和美化，而是根据器物本身的线条、形状等特点，以画龙点睛或因物制宜的手法加工改造，也许同样会起到很好的效果。

四、瑕瑜互补的原则。古玉历经千年，由于经久不息的外部环境侵蚀，有不少在形态、质地和色泽上发生了改变，因此，变形、变色、残损等现象十分常见。金镶古玉的构思创意，一个极为重要的方面就是通过对残损或质变古玉的审察，在不改变其内涵的基础上，做好拾遗补缺的工作。那么，金质附设的制作，不只是达到弥补缺漏、恢复原形的效果，更重要的是通过追加新的艺术元素，使原物的神采或气韵能得到更好的展示和体现。图十九是一件商代晚期的玉鸟，半圆雕，立地状，尖尾勾喙，双目圆睁，其态可爱。但是遗憾的是其头、颈、腹等身子的前半部分由于长期严重受沁而变得质地松散、色泽晦涩，显得十分脆弱。考虑到这样一种因素，工匠在设计时通过一瓣开放的梅花和两根伸出头部的枝蔓，不但将鸟体受沁的部分有效地保护了起来，而且重新改变了玉鸟的重心，使佩饰变得更为平衡美观。图二十是一件战国时期的水晶饰件，飞碟状算盘珠形，直径约2.8厘米，中间鼓起，边缘薄刃，两面光素无纹。在古代，诸如水晶玛瑙等类玉饰品，与玉器有

图十八

图十九

图二十

着同等的珍贵程度。这件水晶饰件为深紫色，但沁蚀已使它变得色彩缤纷、迷惘朦胧，给人一种一眼望不到底的神秘感——这正是作为一件古代艺术品所带给人们的魅力。只是，边缘的两处缺损犹如残月一般，需要做出处理。工匠在设计这件佩饰的时候，并没有运用大刀阔斧的手法去刻意渲染，而是根据两处残损的程度，做大小不同的简洁的枝叶，恰到好处地包裹住缺损的部分，且以中心孔为轴心，延伸出一根枝条，上下以红宝点缀，以用作系挂之用。这样，一件变得"圆满"而又不失古意、简洁明快、美观大方的金镶玉饰件，呼之欲出。

五、推陈出新的原则。与现、当代玉器相比，古代玉器所蕴含的历史文化内涵，要来得更加广博与浓厚。但是由于时代的局限和审美上的差异，今人对于那些蕴含着丰富内涵的古代玉器的理解，也是有着一定的隔膜。也就是说，有些古玉无论从形制或者纹饰的表达上看，虽然昭示着古代工匠对于某种信仰文化及审美上的不懈追求，深刻地烙下了鲜明的时代印记，并且也极大地满足了那个时代王孙公子奢靡生活的需要，但是放在今天的角度，其器型、内涵及美感，也许不能打动人们的心魄。这里有主观上的原因，比如对历史文化知识的缺乏；也有客观上的原因，也即时尚的变异和功能上的改变让人们对某些古代玉佩的美学审视变得更为挑剔。这就需要我们的设计工匠具有更为开放的精神和前卫的眼光，考虑如何通过渗入现代元素的创意，恰当地将主体玉佩那些不甚符合当代人审美心理的部分，加以推陈出新并再创造，从而产生出一种出奇制胜的效果。图二十一是一件战国早期的龙凤纹玉佩。该玉佩的形制非常特别，纹饰也十分抽象，是在一块不规则的片状白玉两面，密集地雕刻着以勾云纹组合的云龙纹图案，而形制也似一浓缩的龙体，龙首有一小鸟盘旋。这种纹饰与工艺特点，无疑具备了那个时代的典型风格。但是从其装饰性和实用性来看，确实不甚符合现代人的审美观念。于是，我们看到工匠对该件主体玉佩进行了大胆的构思，其通过设计一个时代风格大致与之接近的飘逸的舞人形象，作为附件安

图二十一

置于龙纹玉佩的上方,与一侧的小鸟互为起舞呼应,这样,尽可能地改变了古玉不规则的形制,并重新确立了平衡支点,使一件符合古制但不宜单独装饰佩戴的玉器,立即变得生动和活泼起来。图二十二是西周年代的人龙合体玉佩。跟前一玉佩一样,横向的龙与人的形象设计,虽然符合古制却不是很适合直接垂挂佩戴的那种玉器。工匠在设计构思时显然考虑到了这个因素,而灵感来自四周边缘严重受沁的状况——由于沁色为典型的深褐色糖沁,其色泽更接近于玫瑰金的质地,于是将玉佩上部造型图案的空白处,依然以镂空的方式,加设一半弧形的云纹附设,横跨于龙与人的首尾之间,使原本有棱有角的玉佩,接近于一个椭圆形的形状。一件形制规范而形状不甚规正的古代玉器,就这样成了一个奢华的装饰吊坠。

宋代诗人苏轼有诗曰:"玉钚坠耳黄金饰,轻衫罩体香罗碧。"这是形容当时那些生活条件优越的淑女们的日常装束。而在那些个年代,平民百姓,对于金玉的奢求也许只是一种梦想。现在,时代发生了翻天覆地的变化,金镶玉也已经走下神坛,成为现代文人雅士乃至普通百姓所追求的饰物,各种创意奇特、制作精良的金镶古玉作品,正渐渐成为一个新的时尚开始蔓延流行,其审美、文化和经济价值也愈益为人们所认知,我们相信,随着社会文明的迅猛发展和国人对精神物质生活的不断追求,金镶古玉这一融合了古今文化底蕴的新生事物,在不远的将来,一定会显示出越来越强大的生命力和广阔的市场前景。

图二十二

目录

- *I* 代　序
- *1* 图　版
- *5* 商代器形
- *69* 西周器形
- *109* 春秋器形
- *125* 战国器形
- *167* 汉代器形
- *189* 索　引
- *214* 后　记

图 版

商 代

商代器形
Shang Dynasty Type

商代玉器在中国古代玉器史上具有十分重要的地位。这主要表现在它不但对上自新石器时代、下至东周秦汉时期的玉器文化起到极其重要的承上启下作用，而且其数量、种类与使用功能上的革命性转变，都给历史留下了辉煌而深远的影响。新石器时代的玉器基本是就地取料，至商代这一局限已有明显突破。商代晚期，和田玉已成玉器选材中重要组成部分。

商代玉器种类繁多，除了璧、钺、戚、戈、璜等礼器外，还有动物形状的佩饰。肖生类玉器，不但题材丰富，形式多样，并且在形象塑造和创作手法上，常有惊人之作的出现。在雕琢手法上，主要突出它们的头部及目齿等特征，减少对细部的刻画，呈现出浓厚的装饰趣味。

商代晚期的玉器大致分为扁平玉器和立体圆雕玉器两大类。动物玉器很有特色，口呈镂空多角星或为一桯钻孔。商代玉器除了广为流行的臣字目外，常见的还有双圈眼、单圈眼、减地圆形眼、长方形眼、曰字形眼、斜方格眼等等。龙型玉器以独角或双角蘑菇形柱状表现。身体的纹饰常用阴刻线，早期硬朗、有力，世称折铁线，后期流畅。商代双勾阴线，将两条单阴线相距很近地平行并列，双线形态构成图案纹饰，醒目而不单调。晚期在双勾阴线的基础上发展出隐起阳线、平凸阳线等雕琢手法。

6　商代器形　SHANG DYNASTY TYPE

白玉鯢

51mm × 14mm × 5mm

7 商代器形　SHANG DYNASTY TYPE

白玉牛首形佩

43mm × 27mm × 5mm

8 商代器形　SHANG DYNASTY TYPE

白玉虎

57mm × 12mm × 13mm

白玉质，整器受沁呈黄褐色，局部夹有灰黑色沁斑。立体圆雕，嘴微张，四足蹲踞状，尾上卷后扬。三刀爪，臣字形目，体部饰阴线卷曲纹饰。

10 商代器形　SHANG DYNASTY TYPE

白玉牛首形佩

33mm × 29mm × 3mm

11 商代器形　SHANG DYNASTY TYPE

白玉牛首形佩

34mm × 31mm × 8mm

12 商代器形 SHANG DYNASTY TYPE

白玉鸟形佩饰

40mm × 34mm × 9mm

13 商代器形 SHANG DYNASTY TYPE

白玉鸟形佩饰

31mm × 28mm × 8mm

14 商代器形 SHANG DYNASTY TYPE

青黄玉饕餮纹佩
39mm×27mm×6mm

青黄色玉，器表边缘处受沁钙化，呈不透明状。此器形状规整，器表微鼓，采用双阴挤阳的雕刻技法以此来突出纹饰的立体感。五官雕琢流畅自然，臣字目双眼呼之欲出，给人一种肃穆威严的感觉。

16 商代器形 SHANG DYNASTY TYPE

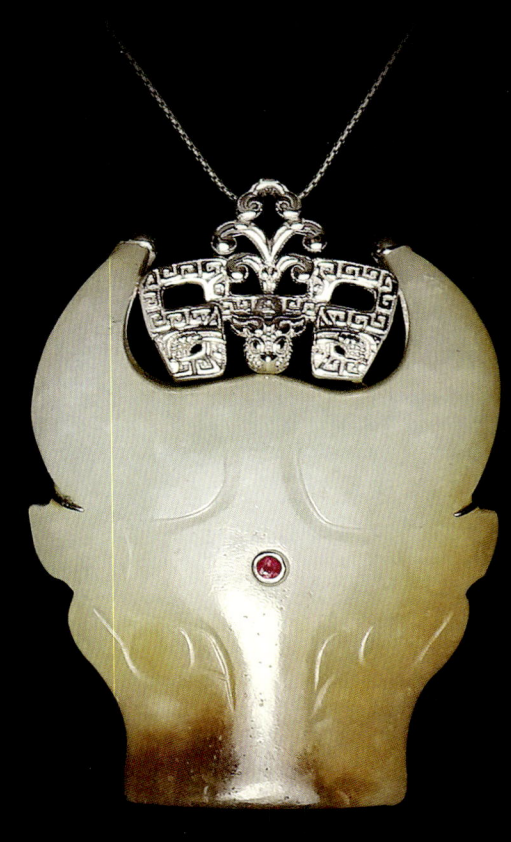

白玉牛首形佩
44mm × 31mm × 5mm

17 商代器形　SHANG DYNASTY TYPE

白玉鸟形佩饰

40mm × 25mm × 2mm

18 商代器形 SHANG DYNASTY TYPE

绿松石鸟形佩饰

32mm × 28mm × 14mm

19 商代器形 SHANG DYNASTY TYPE

绿松石兽面形饰

20mm×12mm×4mm

20 商代器形 SHANG DYNASTY TYPE

白玉螳螂

55mm × 19mm × 9mm

21 商代器形 SHANG DYNASTY TYPE

白玉鸟形佩饰

38mm × 33mm × 10mm

22 商代器形 SHANG DYNASTY TYPE

玉鸟龙合体佩

43mm × 38mm × 9mm

青黄色玉，质地温润。玉龙呈C形状，臣字形目，蘑菇状头，吻部上翘，嘴微张，身上刻出凹槽以区分体节。整器细腻圆润，打磨光滑。

24 商代器形 SHANG DYNASTY TYPE

白玉螳螂

45mm × 12mm × 8mm

玉龟

47mm×36mm×11mm

26 商代器形 SHANG DYNASTY TYPE

白玉鸟形佩饰

52mm × 22mm × 9mm

27 商代器形　SHANG DYNASTY TYPE

白玉鸟形佩饰

31mm × 25mm × 12mm

白玉牛首形佩

33mm × 26mm × 10mm

29 商代器形　SHANG DYNASTY TYPE

白玉虎

45mm × 19mm × 11mm

白玉龙形玦

37mm × 10mm

白玉，玉质温润，玉里见轻微褐色沁。龙圆雕玦状，龙首微上扬，吻上翘，圆目。周身以双阴挤阳线技法饰以云纹。下颚与龙尾缺口处并未断开，如同细线连接。造型形象生动，雕刻技法高超。

32 商代器形　SHANG DYNASTY TYPE

白玉鸟形佩饰

38mm × 29mm × 17mm

33　商代器形　SHANG DYNASTY TYPE

白玉伏牛形佩

47mm×31mm×9mm

34 商代器形 SHANG DYNASTY TYPE

白玉鸟形佩饰

41mm × 32mm × 3mm

35 商代器形 SHANG DYNASTY TYPE

白玉鸟形佩饰

31mm×28mm×8mm

36 商代器形 SHANG DYNASTY TYPE

青黄玉虎衔鱼佩饰
47mm×16mm×8mm

37 商代器形 SHANG DYNASTY TYPE

白玉牛首形佩

28mm×19mm×9mm

38 商代器形 SHANG DYNASTY TYPE

玉鸟龙合体佩

29mm × 29mm × 9mm

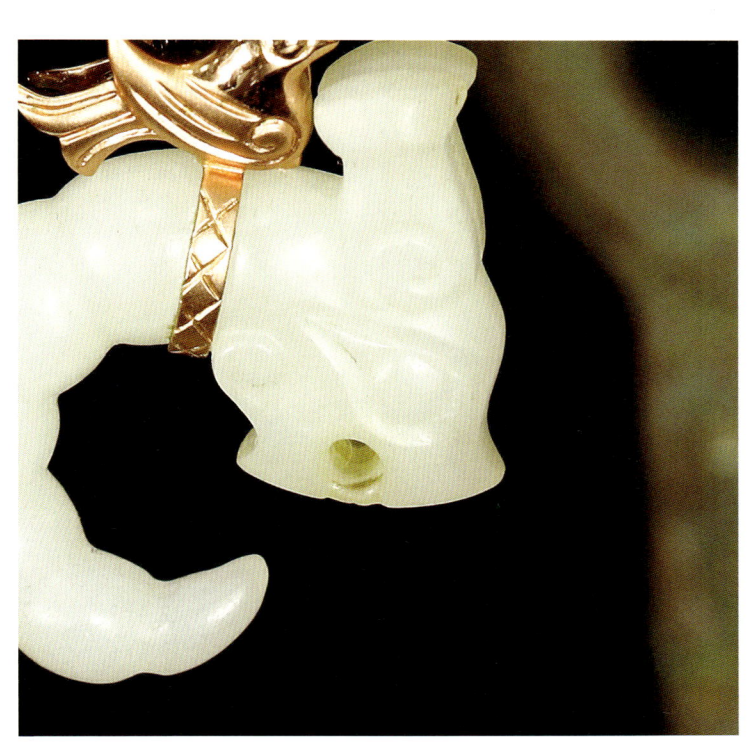

白玉，质地极为温润。玉龙呈C状，首尾呼应，上端是粗壮的蘑菇形角，臣字形目，吻部微上翘，嘴部有一穿孔。玉龙身上用砣具刻出多道凹槽表示龙的体节。线条简洁却很有力度。

40 商代器形 SHANG DYNASTY TYPE

白玉鸟形佩饰

42mm×38mm×11mm

41 商代器形 SHANG DYNASTY TYPE

白玉螳螂

45mm × 8mm × 8mm

42 商代器形 SHANG DYNASTY TYPE

白玉鸟形佩饰

55mm × 19mm × 5mm

白玉人首合体佩

44mm×42mm×9mm

43 商代器形 SHANG DYNASTY TYPE

44 | 商代器形　SHANG DYNASTY TYPE

白玉兽首形佩

25mm×21mm×14mm

45 商代器形 SHANG DYNASTY TYPE

白玉饕餮纹佩

23mm × 21mm × 8mm

玉龟

41mm × 36mm × 12mm

玉质不明，因钙化绝大部分成鸡骨白，头部及尾部见黄褐色沁斑，器表亮泽。立体圆雕，玉龟作爬行状，减地浅浮雕圆形双眼，背部刻刀浅显而流畅，整器动态感十足，形象生动。

48 商代器形 SHANG DYNASTY TYPE

白玉鸟形佩饰

27mm × 25mm × 7mm

49 商代器形 SHANG DYNASTY TYPE

白玉鸟形佩饰

30mm×21mm×5mm

50 商代器形　SHANG DYNASTY TYPE

白玉鸟形佩饰

40mm × 25mm × 2mm

白玉鸟形佩饰

36mm × 21mm × 8mm

52 商代器形 SHANG DYNASTY TYPE

白玉鸟形佩饰

48mm × 18mm × 5mm

53 商代器形　SHANG DYNASTY TYPE

白玉鸟形佩饰

50mm × 26mm × 5mm

54 商代器形 SHANG DYNASTY TYPE

白玉鸟兽合体佩
58mm × 25mm × 8mm

白玉,玉质纯净温润。此器利用较厚的玉料圆雕而成,鸟与兽相背而立,兽首微上扬,兽身纹饰雕琢简单,通体打磨光洁。整器构思巧妙,兽身圆润而有力度。

56

商代器形　SHANG DYNASTY TYPE

白玉牛首形佩

49mm × 44mm × 7mm

57 商代器形 SHANG DYNASTY TYPE

白玉饕餮纹佩

27mm × 24mm × 4mm

58 商代器形 SHANG DYNASTY TYPE

白玉鸟形佩饰

29mm × 24mm × 6mm

59 商代器形　SHANG DYNASTY TYPE

白玉鸟形佩饰

50mm×30mm×8mm

60

商代器形　SHANG DYNASTY TYPE

白玉鸟形佩饰

51mm×30mm×15mm

白玉鸟形佩饰

39mm×30mm×16mm

62 商代器形 SHANG DYNASTY TYPE

白玉龙形饰

25mm × 21mm × 5mm

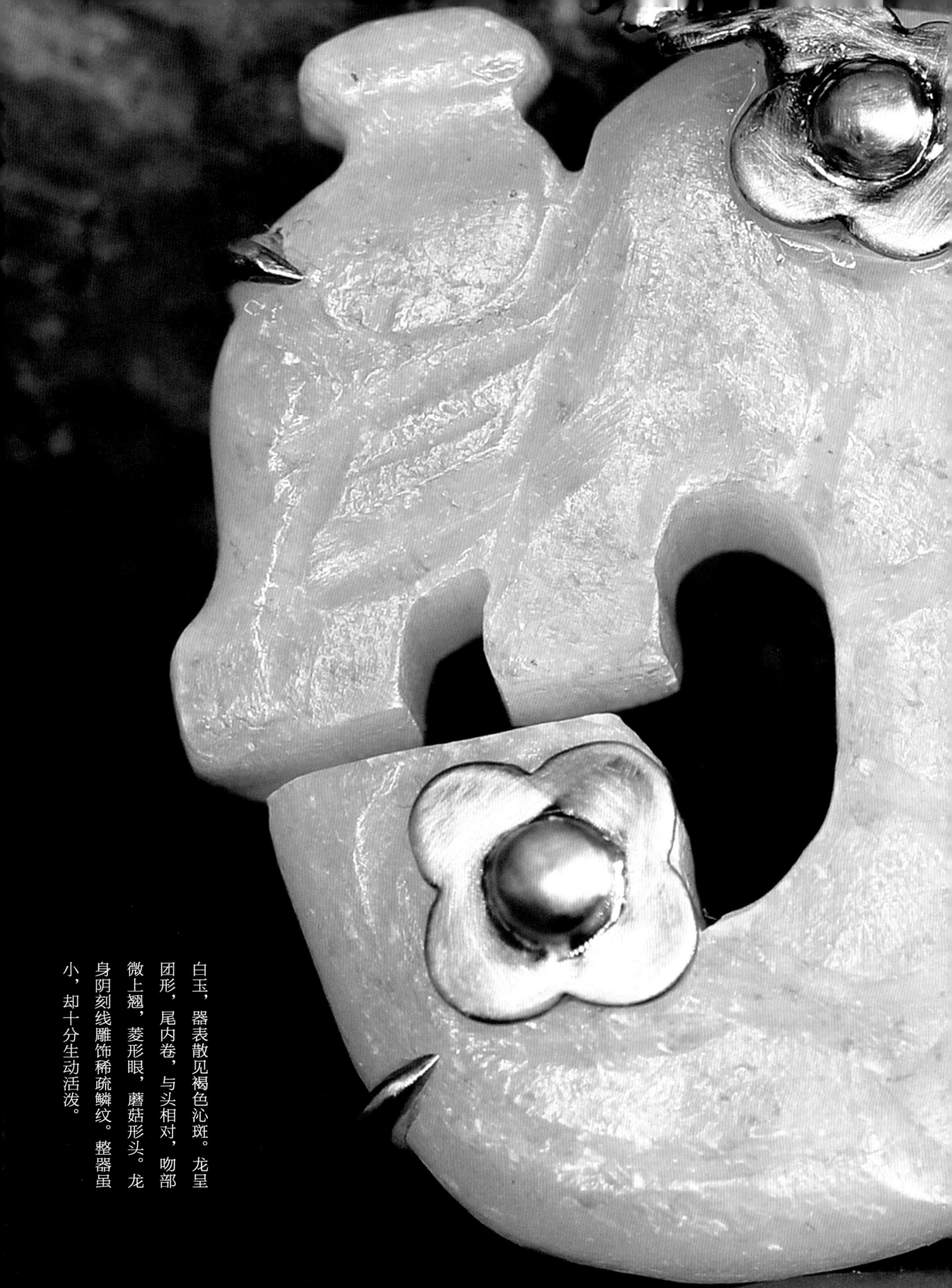

白玉，器表散见褐色沁斑。龙呈团形，尾内卷，与头相对，吻部微上翘，菱形眼，蘑菇形头。龙身阴刻线雕饰稀疏鳞纹。整器虽小，却十分生动活泼。

64 商代器形 SHANG DYNASTY TYPE

白玉鸟形佩饰

27mm × 20mm × 4mm

65 商代器形 SHANG DYNASTY TYPE

白玉鯢

41mm × 13mm × 9mm

西周

西周器形
Western Zhou Dynasty Type

　　玉器在西周也是一种权力和地位的象征，西周的分封制和宗法制，对西周的玉器制度产生了很大影响。西周对玉石品质及色泽的使用有严格的等级规定，该时期雕刻使用的贵重玉器，一般多用和田白玉或青白玉。

　　西周圆雕玉器相比于商代明显减少，取而代之为片状玉器。由于砣具、线具、片具、桯具的使用愈发成熟，西周的琢玉技艺达到了一个新的高度。"一面坡"是流行于西周时期的玉器加工技法，起始于商代晚期，成熟于西周。西周时期的"一面坡"线条圆润，斜刀幅度较大，底部打磨精细，并且辅以阴线，立体感强。看西周的勾撤手法，是看不到一点刻意雕琢和做作的地方的，要么纤毫流转，要么是大刀阔斧。

　　西周装饰玉中最为生动的是动物玉雕，其强调写实性，注重刻画动物的瞬间动态。在动物形玉饰上表现多为单阴刻线，通过斜撤减地手法，使动物形玉饰显现出一种浮雕效果。西周的玉器加工技法，并不仅仅局限于"勾""撤"之间。有些纹饰，特别如西周早期的一些玉器，其沿袭了商代时期双撤起阳线的方法，来表现图案。西周的玉龙，有以"形"表现和以"纹"表现的两种。以"形"表现的，一般都比较写实；而以"纹"表现的，则比较抽象。

白玉牛
49mm × 30mm × 7mm

71 西周器形 WESTERN ZHOU DYNASTY TYPE

白玉牛

46mm × 20mm × 10mm

72　西周器形　WESTERN ZHOU DYNASTY TYPE

白玉牛

24mm × 14mm × 6mm

73　西周器形　WESTERN ZHOU DYNASTY TYPE

白玉牛

51mm × 23mm × 7mm

74 西周器形 WESTERN ZHOU DYNASTY TYPE

白玉蝉形佩

42mm × 12mm × 10mm

75 西周器形 WESTERN ZHOU DYNASTY TYPE

白玉蝉形佩

41mm × 23mm × 2mm

76　西周器形　WESTERN ZHOU DYNASTY TYPE

玉贝币

16mm × 10mm × 4mm

77 西周器形　WESTERN ZHOU DYNASTY TYPE

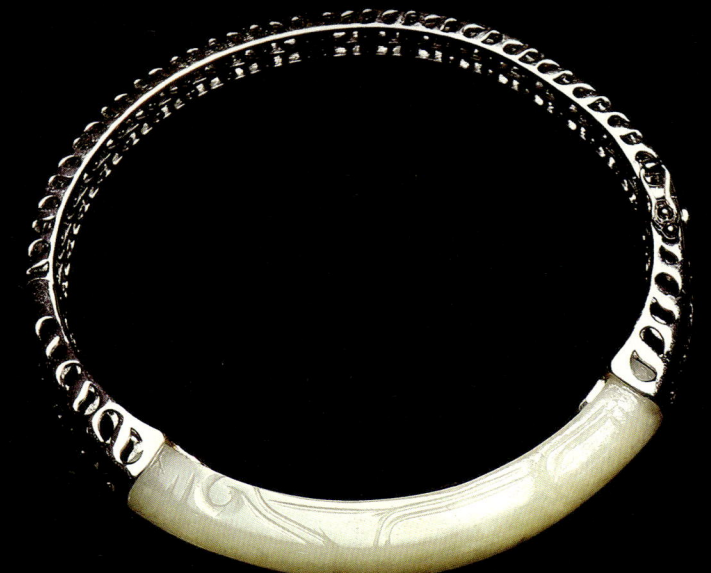

白玉镶白金镯

56mm × 50mm × 9mm

78 西周器形 WESTERN ZHOU DYNASTY TYPE

青黄玉龙形佩

39mm × 27mm × 4mm

青黄色玉,玉质温润,局部受沁呈黄褐色。玉龙作回首状,长鼻上卷,椭圆形眼,龙身作「回」字形弯转,并雕琢有简洁平行阴线纹以增强流动感。

80 西周器形 WESTERN ZHOU DYNASTY TYPE

白玉龙纹勒

42mm × 13mm × 8mm

青黄玉蝉形佩

30mm × 14mm × 7mm

82　西周器形　WESTERN ZHOU DYNASTY TYPE

白玉兔

39mm × 24mm × 11mm

白玉兔

47mm × 27mm × 10mm

84　西周器形　WESTERN ZHOU DYNASTY TYPE

白玉龙纹佩

43mm × 25mm × 5mm

白玉，玉质晶莹剔透，包浆浑厚。此玉佩利用长方形玉料制作而成。由一对共身、回首相望的龙纹组成，椭圆形的眼，口大张。纹饰雕琢以一面坡阴刻线为主，中间为线具逗点式镂空。玉质与工艺俱佳，为西周龙纹佩的典型。

86 西周器形　WESTERN ZHOU DYNASTY TYPE

白玉兔

35mm × 26mm × 5mm

87　西周器形　WESTERN ZHOU DYNASTY TYPE

白玉兽形佩

39mm × 15mm × 6mm

青白玉兔

34mm × 20mm × 5mm

青白玉,质地温润,玉兔耳部及腹部中间有黄褐色沁。玉兔的头部圆润,阴刻线有圆形大眼,嘴微张。头后面是呈机警状的尖耳,玉兔身上用简洁的斜刀表现腿部肌肉,四肢矫健有力作奔跑状。

90　西周器形　WESTERN ZHOU DYNASTY TYPE

黄玉柄形器

56mm × 16mm × 8mm

91 西周器形 WESTERN ZHOU DYNASTY TYPE

白玉龙纹饰

58mm × 19mm × 4mm

92 西周器形 WESTERN ZHOU DYNASTY TYPE

白玉龙纹佩

58mm × 15mm × 5mm

白玉蝉形佩

47mm × 16mm × 8mm

94 西周器形 WESTERN ZHOU DYNASTY TYPE

白玉饕餮纹佩
31mm×29mm×11mm

白玉，器缘处受沁白化。器形规整，呈倒梯形。以阴刻线刻出卷曲状的兽角，两角之间装饰纵向平行线，器表中部是兽面的两道浓眉和一双臣字形大眼，卷云纹鼻。整器斜刀风格明显，纹饰流畅。

白玉鱼

45mm×12mm×2mm

97 西周器形 WESTERN ZHOU DYNASTY TYPE

白玉龙纹勒
35mm × 12mm × 10mm

98　西周器形　WESTERN ZHOU DYNASTY TYPE

青白玉人龙合体佩

48mm × 33mm × 5mm

青白玉质，器缘受沁呈黄褐色。玉佩使用片状玉料制作而成，前端饰一玉人，身呈转曲状，深目高鼻，下巴突出，卷云纹状大耳。后饰一回首状玉龙，卷尾上扬。整器以双勾阴刻线为主，并运用了透雕技法。

白玉牛

31mm×17mm×8mm

101 西周器形 WESTERN ZHOU DYNASTY TYPE

白玉牛

39mm × 20mm × 10mm

青玉牛

33mm × 21mm × 10mm

青黄色玉，玉质细腻。整器以圆雕而成。牛首微向下，头顶有一对平行向后的牛角，牛角两侧琢出大耳，耳面略内凹。眼、角、耳、腹部等均以阴刻或减地法修饰，刀法有力，肌肉感强。

104 西周器形　WESTERN ZHOU DYNASTY TYPE

青白玉盾形饰

32mm × 30mm × 7mm

青白玉质，玉质缜密细腻。整器造型极为规整并呈盾状。器表纹饰以双阴刻线雕琢而成，疏朗有致。此器线条流畅，大斜刀和内细外粗的风格十分典型。

春 秋

春秋器形
Spring & Autumn Period Type

  玉器从商周发展至春秋，有着明显的传承关系。春秋早期明显有着西周斜刀的特征。春秋中期，纹饰开始多样性发展，突破了西周固有的纹饰特征。到了晚期，多用去地阳纹繁密的雕琢技法，俗称"隐起"，以突出图案强烈的立体效果。

  春秋时期的玉器，另一个鲜明的特点是对所琢之物饱蘸笔墨大肆渲染，在器身之上容不得半点空白。纹饰上以龙纹为典型代表，贯穿春秋始末，又赋予时代的变换性，是当时的精神思想的直接反应。春秋早期的龙纹与西周晚期一脉相承，多以细密繁缛、圆转流畅的双勾阴线，琢出排列有序的龙纹或者龙首纹，写实具象，容易辨识。到了中晚期，龙纹逐渐解体变异，形成多种抽象纹样，组合成彼此勾连而难以辨认的变形龙纹。

  在装饰性纹饰的运用上，又总是以勾云纹为主线，通过富有想象力的阴刻或浮雕的交接组合，形成"龙"或曰"蟠虺"的图案。因此，为了体现玉器的华而充实，我们在一件春秋玉器的装饰图案上，只要依循圆形的眼睛，几乎就能轻而易举找到翘唇吐舌的龙首，并且满布器身。而春秋玉器的另一代表纹饰就是谷纹，春秋谷纹总体上可分为阴刻线雕与乳突状两个类型，而乳突状谷纹多采用浅浮雕，体积圆鼓，较为圆润。

白玉龙纹玦

37mm×6mm

111 春秋器形 SPRING & AUTUMN PERIOD TYPE

白玉龙纹玦

33mm × 6mm

112 春秋器形 SPRING & AUTUMN PERIOD TYPE

黄玉饕餮纹佩
55mm×38mm×4mm

青黄色玉,玉表温润。器缘处受沁钙化呈黄白色,整器沁色过渡自然。运用勾撤及斜刀法雕琢出饕餮纹。纹饰繁缛但繁而不乱,线条圆润而流畅,极具艺术张力。

114 春秋器形 SPRING & AUTUMN PERIOD TYPE

白玉龙纹玦

52mm × 4mm

115 春秋器形 SPRING & AUTUMN PERIOD TYPE

青白玉龙纹佩

50mm × 27mm × 5mm

116

春秋器形　SPRING & AUTUMN PERIOD TYPE

青黄玉饕餮纹佩

49mm × 37mm × 7mm

青黄色玉，玉质温润，边缘微受沁。整体作长方形，上部微收，中间较厚部分有一通天孔，双面工雕琢。器身浮雕、阴刻饕餮纹、龙首纹，纹饰饱满圆润，阴刻线极为流畅，整器纹饰密集复杂，但繁而不乱。为精雕细琢之作。

118 春秋器形 SPRING & AUTUMN PERIOD TYPE

白玉龙形饰

56mm × 22mm × 2mm

119 春秋器形 SPRING & AUTUMN PERIOD TYPE

白玉龙纹玦

42mm × 3mm

120 春秋器形 SPRING & AUTUMN PERIOD TYPE

青黄玉龙纹璧

44mm × 4mm

青黄色玉，玉表散见浓淡不一黑褐色沁，外表微有绺痕。整器呈圆形，边缘处厚薄略有差别，内有一孔，孔壁光滑。双面工，用极细的阴刻线勾勒龙纹，阴刻线中间采用减地手法突出凹叠感，纹饰雕琢疏密得当，十分精致。

战 国

战国器形
Warring States Period Type

由于战国时期社会的变革、生产力的发展以及儒家赋予玉的种种道德文化内涵，所以战国时期皆以佩玉为时尚。战国玉器的辉煌，在于质佳、形美、工精。

"质佳"，体现了战国先人对玉器品质的优劣，形成大体一致的观念，那就是依照不同等级和用途，选择玉材时在产地、色泽、缜密度和莹润感等等方面有着相对明确的标准。"形美"是相对后世的玉器而言。战国玉器在器形上给人的震撼，表现在构思的大胆巧妙和不拘一格。在这些有限的主题和纹饰中，我们会看到先人们丰富的艺术想象力和千变万化的创造力。例如书中战国白玉龙纹环，以陶索纹为环，龙纹于环内作腾飞状，中间为镂空状，整器极为灵动自然。"工精"，首先取决于社会和生产力的进步。铁质工具的广泛使用，大大推动了战国琢玉工艺技术的发展。在雕刻技法上，集阴刻、浮雕、镂空、接榫、碾磨于一身，棱角分明，犀利明锐。就阴刻线而言，粗线、细线、单线、双线、直线、曲线，都可以按照设计娴熟地琢刻，刻痕清晰干净，线条流畅自然。这一时期的工艺，给人印象最深刻的，就是大刀阔斧般的粗犷与纤毫毕现的柔美交融为一体。

战国玉龙的造型极具特色，饱含着一种紧张奋进的气度，是战国时期礼崩乐坏的社会写照。战国玉凤的造型同龙一样，大大突破前朝的规范，更加显示出活泼生动、自由奔放的新风格，并常与龙相伴组合，遥相呼应。

126 战国器形　WARRING STATES PERIOD TYPE

青白玉饕餮纹佩

33mm × 33mm × 10mm

127 战国器形 WARRING STATES PERIOD TYPE

青白玉双龙首璜形佩

52mm × 26mm × 4mm

128 战国器形 WARRING STATES PERIOD TYPE

白玉龙纹佩
55mm × 33mm × 5mm

战国器形　WARRING STATES PERIOD TYPE

130 战国器形 WARRING STATES PERIOD TYPE

白玉蟠螭纹璧
51mm×4mm

白玉，质地润泽。局部有红白色沁斑。璧由两大部分组成，外部通体雕琢蟠螭纹，采用减地浅浮雕雕刻技法，布局繁密不留余地。内部为绞丝环状，线条遒劲有力。整体构思巧妙，雕琢精致。

白玉蟠螭纹勒

35mm × 16mm × 10mm

133 战国器形 WARRING STATES PERIOD TYPE

白玉牛首形佩

41mm×36mm×11mm

134 战国器形　WARRING STATES PERIOD TYPE

白玉兽首形佩

35mm × 22mm × 12mm

白玉云纹勒

47mm×17mm×10mm

136 战国器形 WARRING STATES PERIOD TYPE

青白玉双龙首璜形佩

52mm × 26mm × 4mm

青白玉，玉质细腻莹润，边缘局部受沁呈黄褐色。整体片状呈半圆弧形。两端作龙首纹饰，龙首中间为半绞丝环状。龙首相连部分减地浅浮雕勾连云纹。整器布局自然和谐，凹叠有致。

138 战国器形 WARRING STATES PERIOD TYPE

玛瑙环

40mm × 8mm

139 战国器形 WARRING STATES PERIOD TYPE

玛瑙环

50mm × 7mm

水晶龙形佩

57mm×36mm×7mm

141 战国器形 WARRING STATES PERIOD TYPE

棱状水晶饰

47mm × 15mm × 10mm

142 战国器形　WARRING STATES PERIOD TYPE

黄玉凤纹出廓璧

65mm×41mm×5mm

黄玉，玉质温润，色泽柔和。局部受沁呈黄褐色。璧面饰有谷纹，谷粒饱满，排列有序，因打磨光洁，闪闪发亮。璧外出廓，两侧镂雕凤纹，凤沿着璧形边缘做腾飞状。整器构思巧妙，纹饰精美。

144　战国器形　WARRING STATES PERIOD TYPE

青玉陶索纹环
28mm × 5mm

145 战国器形 WARRING STATES PERIOD TYPE

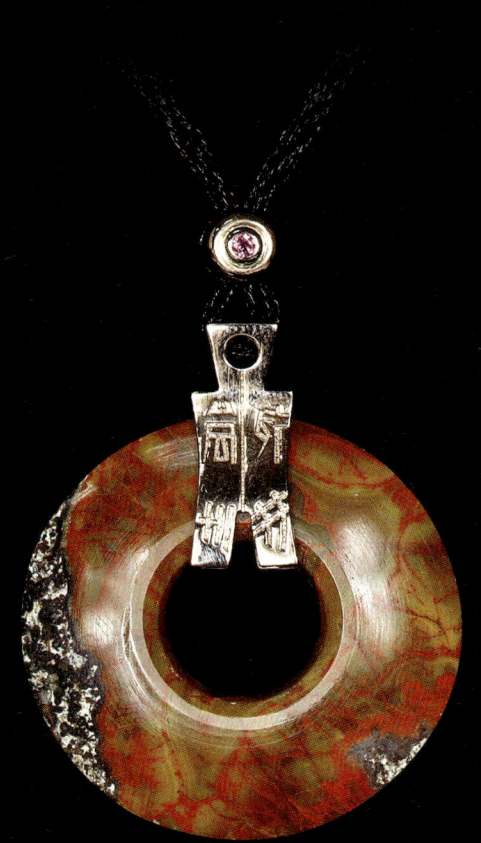

红缟玛瑙璧

34mm×6mm

146 战国器形 WARRING STATES PERIOD TYPE

红缟玛瑙璧

37mm×6mm

147 战国器形 WARRING STATES PERIOD TYPE

紫晶佩饰

28mm × 10mm

白玉凤纹环

52mm×5mm

50 战国器形 WARRING STATES PERIOD TYPE

白玉龙纹环

52mm×5mm

白玉，质地极为纯净温润。器外廓呈环形，雕琢有回旋陶索纹，线条遒劲有力。环内镂雕龙纹，龙做腾飞状，神态威武，龙尾处有一桯钻小孔，灵动富有变化。整器雕琢精细，质地光洁平滑，呈现出「玻璃光泽」，是一件极为珍贵的战国玉器。

白玉蟠螭纹璧

52mm × 3mm

153 战国器形 WARRING STATES PERIOD TYPE

青白玉双龙首璜

88mm × 33mm × 5mm

154

战国器形　WARRING STATES PERIOD TYPE

白玉鸟形佩饰

40mm × 6mm

155 战国器形 WARRING STATES PERIOD TYPE

黄玉谷纹璧

21mm×5mm

青黄玉舞人佩

44mm × 26mm × 4mm

青黄色玉，玉质细腻温润。沁色过渡自然，边缘处钙化呈黄白色。以阴线勾勒纹饰。舞人呈立姿，鼻梁秀挺，衣袂飘扬，身形曼丽。整体造型写实，曲线刻划加镂空设计，生动再现了舞人的婀娜姿态以及特有的张力。

158 战国器形 WARRING STATES PERIOD TYPE

白玉蝉形佩

31mm × 13mm × 7mm

159 战国器形　WARRING STATES PERIOD TYPE

白玉蝉形佩

32mm × 14mm × 6mm

160 战国器形 WARRING STATES PERIOD TYPE

白玉蝉形佩

30mm×15mm×6mm

161 战国器形 WARRING STATES PERIOD TYPE

白玉蝉形佩

27mm×13mm×7mm

162 战国器形 WARRING STATES PERIOD TYPE

白玉蝉形佩

35mm×11mm×6mm

白玉,玉质温润,包浆柔和。眼睛一侧受沁呈黑褐色,尾部呈黄褐色沁斑。玉蝉眼睛大且突出,背部以阴线及斜刀技法勾勒纹饰,线条遒劲有力。

汉 代

汉代器形

Han Dynasty Type

两汉时期，玉器继承战国时代玉器的传统，继续有所变化和发展。由于儒学走向正统地位，玉德思想大为盛行，极大地促进了装饰用玉的发展。玉舞人、心形佩等都是汉代玉器的重要题材，通常做佩玉使用。汉代玉器极为重视玉材的选择，绝大部分玉器由和田玉雕琢而成。汉代玉器镂空技艺的应用更加普遍，镂雕、圆雕及高浮雕的玉器作品比前代明显增多，装饰用玉已达到很高的艺术水准。在工艺上最具代表的便是"汉八刀""游丝毛雕"两大玉雕技艺。

"汉八刀"为制玉斜碾工艺的一种，实质是将砣具倾斜，利用其侧刃带动解玉砂碾制，使线痕出现一面深、一面浅的斜坡状，从而凸显了较强的层次感与立体感。"汉八刀"是汉代刀法的经典，唯其如此，以这种干净利索、毫无拖泥带水之感的刀法雕成的玉蝉，由于开创了一个时代的玉雕风格之先，为世人所推崇和钟爱。汉代的玉蝉，不求华美，但求洁净。它们大多造型规整，轮廓分明，形体变化较少，因此在剪裁上大致都遵循一定的形制。

"游丝毛雕"是指在玉器琢制过程中，用细若游丝的密集细阴线进行局部刻画的一种传统治玉技法。其特点正如明人高濂在《燕闲清赏笺》中所描述："汉人琢磨，妙在双钩，碾法宛转流动，细入秋毫，更无疏密不匀，交接断续，俨若游丝白描，毫无滞迹。""游丝毛雕"多用于表现几何纹、网格纹或毛发、服饰的细微细节。

168

汉代器形　HAN DYNASTY TYPE

白玉涡纹环

49mm × 5mm

白玉，玉质晶莹缜密。玉表微见黄褐色沁斑，包浆自然。整器呈环状，利用较厚的玉料制作而成。器表阴线雕琢细密的涡纹，涡纹内外呼应，分布均匀。线条细密，为典型的游丝毛雕工艺。

171 汉代器形 HAN DYNASTY TYPE

白玉蝉形佩

22mm×11mm×10mm

172 汉代器形　HAN DYNASTY TYPE

青白玉蝉形佩

51mm × 24mm × 8mm

173 汉代器形 HAN DYNASTY TYPE

白玉蝉形佩

24mm × 13mm × 5mm

174　汉代器形　HAN DYNASTY TYPE

青白玉谷纹璧

56mm × 5mm

175 汉代器形 HAN DYNASTY TYPE

白玉螭龙纹璧

54mm×4mm

176 汉代器形　HAN DYNASTY TYPE

白玉龙纹佩

59mm×38mm×4mm

汉代器形　HAN DYNASTY TYPE

178　汉代器形　HAN DYNASTY TYPE

白玉龙纹璧

54mm × 2mm

白玉朱雀佩

55mm×38mm×6mm

179 汉代器形 HAN DYNASTY TYPE

白玉,玉质温润,微受沁,局部有斑点状白色水沁。整器呈四方片状,中间凸起带弧度,两侧开缺口并穿孔以系绳佩戴。素面打磨光滑,棱角分明。此玉佩,器形规整,制式清秀,典型汉代风格。

182 汉代器形 HAN DYNASTY TYPE

白玉螭龙饰

54mm × 35mm × 6mm

183 汉代器形 HAN DYNASTY TYPE

白玉翁仲

46mm × 12mm × 8mm

184 宋代器形 SONG DYNASTY TYPE

白玉双鱼佩
46mm×34mm×5mm

白玉飞天

43mm × 43mm × 6mm

辽金器形　LIAO AND JIN DYNASTY TYPE

琉璃耳坠

彩石8颗

琉璃项链

彩石42颗

187　清代器形　QING DYNASTY TYPE

索 引

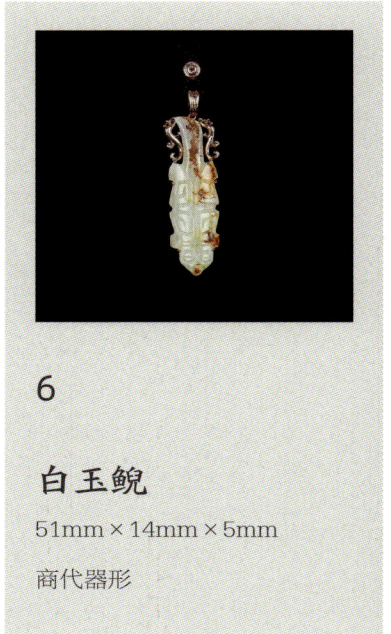

6

白玉鲵

51mm×14mm×5mm

商代器形

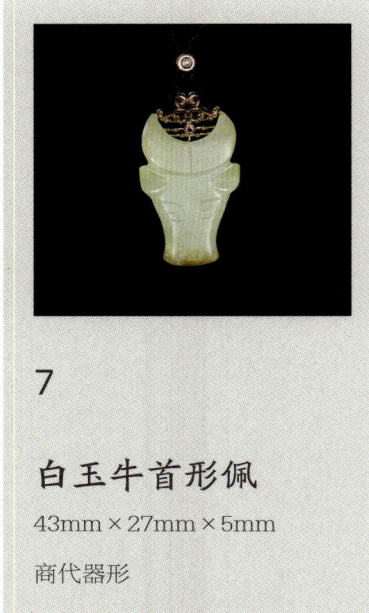

7

白玉牛首形佩

43mm×27mm×5mm

商代器形

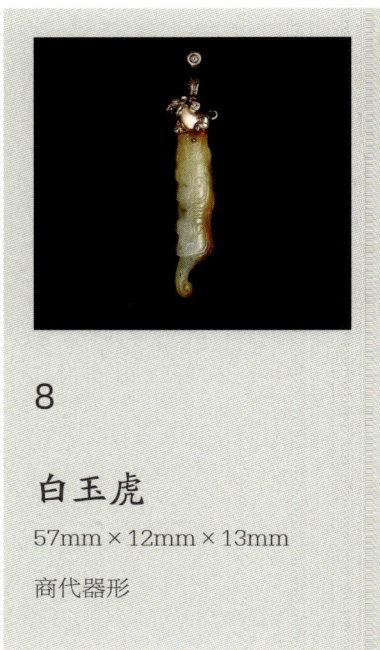

8

白玉虎

57mm×12mm×13mm

商代器形

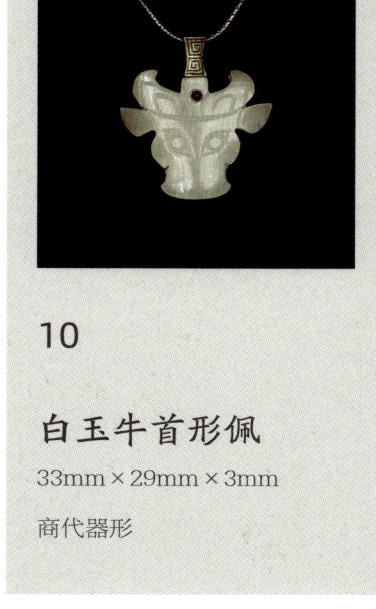

10

白玉牛首形佩

33mm×29mm×3mm

商代器形

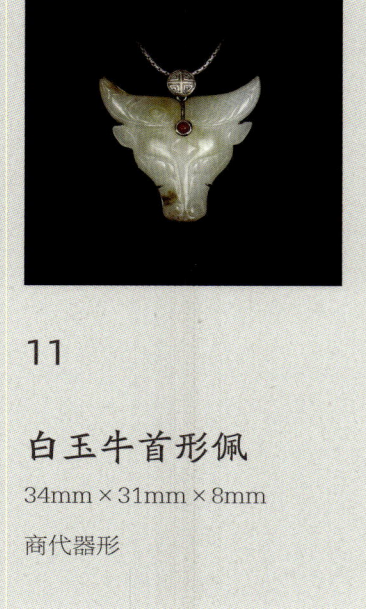

11

白玉牛首形佩

34mm×31mm×8mm

商代器形

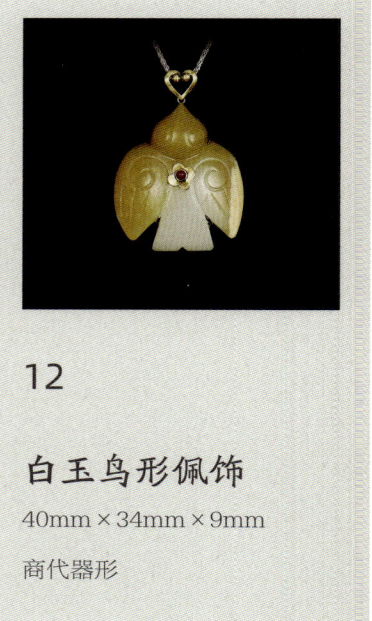

12

白玉鸟形佩饰

40mm×34mm×9mm

商代器形

13

白玉鸟形佩饰

31mm × 28mm × 8mm

商代器形

14

青黄玉饕餮纹佩

39mm × 27mm × 6mm

商代器形

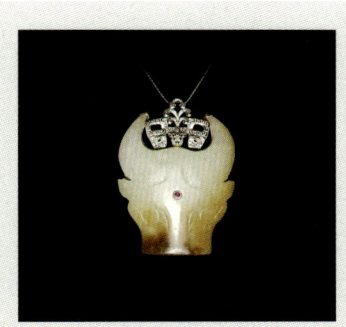

16

白玉牛首形佩

44mm × 31mm × 5mm

商代器形

17

白玉鸟形佩饰

40mm × 25mm × 2mm

商代器形

18

绿松石鸟形佩饰

32mm × 28mm × 14mm

商代器形

19

绿松石兽面形饰

20mm × 12mm × 4mm

商代器形

20

白玉螳螂

55mm × 19mm × 9mm

商代器形

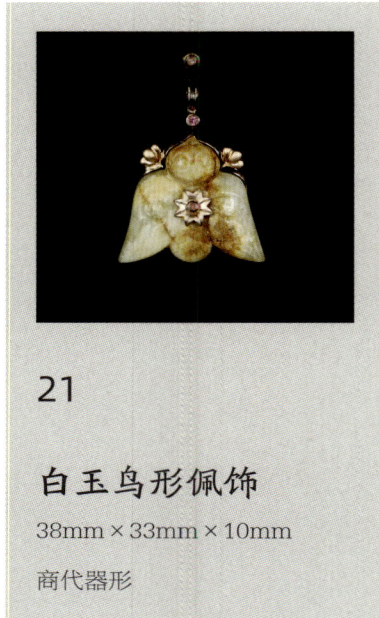

21

白玉鸟形佩饰

38mm × 33mm × 10mm

商代器形

22

玉鸟龙合体佩

43mm × 38mm × 9mm

商代器形

24

白玉螳螂

45mm × 12mm × 8mm

商代器形

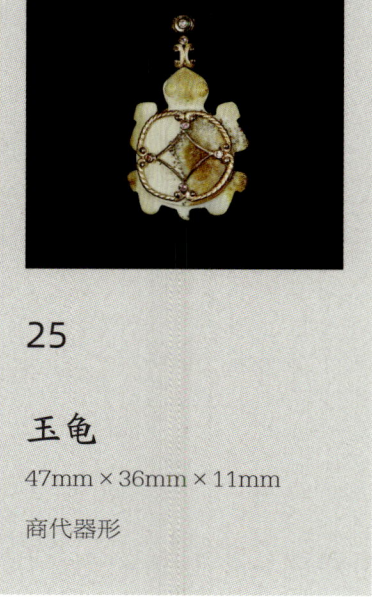

25

玉龟

47mm × 36mm × 11mm

商代器形

26

白玉鸟形佩饰

52mm × 22mm × 9mm

商代器形

27

白玉鸟形佩饰

31mm × 25mm × 12mm

商代器形

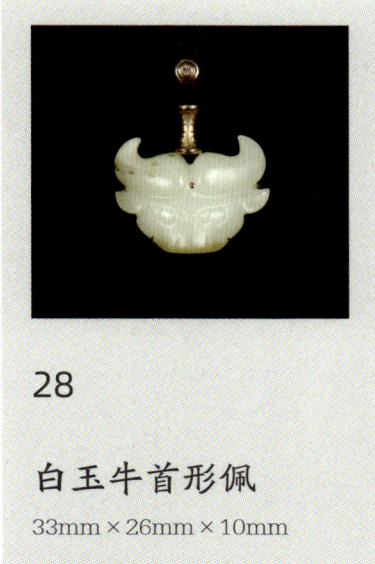

28

白玉牛首形佩

33mm × 26mm × 10mm

商代器形

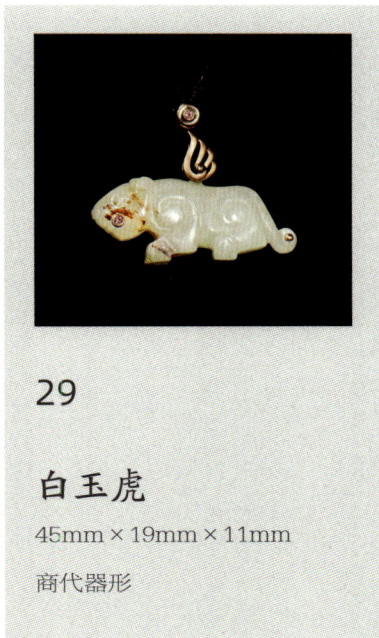

29

白玉虎

45mm × 19mm × 11mm

商代器形

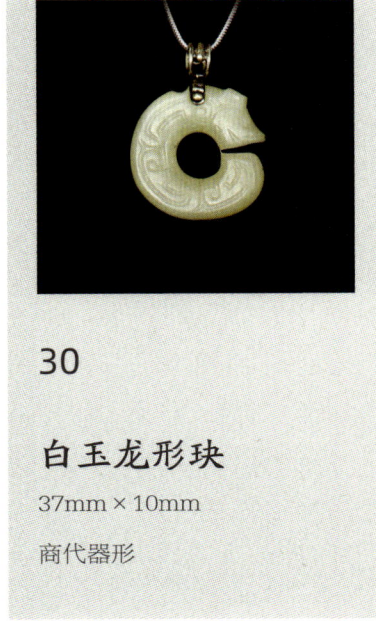

30

白玉龙形玦

37mm × 10mm

商代器形

32

白玉鸟形佩饰

38mm × 29mm × 17mm

商代器形

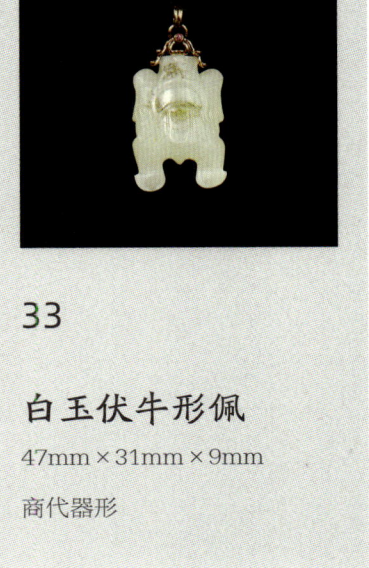

33

白玉伏牛形佩

47mm × 31mm × 9mm

商代器形

34

白玉鸟形佩饰

41mm × 32mm × 3mm

商代器形

35

白玉鸟形佩饰

31mm × 28mm × 8mm

商代器形

36

青黄玉虎衔鱼佩饰

47mm × 16mm × 8mm

商代器形

37

白玉牛首形佩

28mm × 19mm × 9mm

商代器形

38

玉鸟龙合体佩

29mm × 29mm × 9mm

商代器形

40

白玉鸟形佩饰

42mm × 38mm × 11mm

商代器形

41

白玉螳螂

45mm × 8mm × 8mm

商代器形

42

白玉鸟形佩饰

55mm × 19mm × 5mm

商代器形

43

白玉人首合体佩

44mm × 42mm × 9mm

商代器形

44

白玉兽首形佩

25mm × 21mm × 14mm

商代器形

45

白玉饕餮纹佩

23mm × 21mm × 8mm

商代器形

46

玉龟

41mm × 36mm × 12mm

商代器形

48

白玉鸟形佩饰

27mm × 25mm × 7mm

商代器形

49

白玉鸟形佩饰

30mm × 21mm × 5mm

商代器形

50

白玉鸟形佩饰

40mm × 25mm × 2mm

商代器形

51

白玉鸟形佩饰

36mm × 21mm × 8mm

商代器形

52

白玉鸟形佩饰

48mm × 18mm × 5mm

商代器形

53

白玉鸟形佩饰

50mm × 26mm × 5mm

商代器形

54

白玉鸟兽合体佩

58mm × 25mm × 8mm

商代器形

56

白玉牛首形佩

49mm × 44mm × 7mm

商代器形

57

白玉饕餮纹佩

27mm × 24mm × 4mm

商代器形

58

白玉鸟形佩饰

29mm × 24mm × 6mm

商代器形

59

白玉鸟形佩饰

50mm × 30mm × 8mm

商代器形

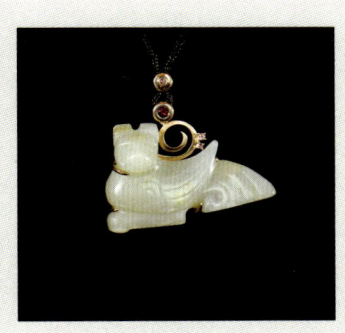

60

白玉鸟形佩饰

51mm × 30mm × 15mm

商代器形

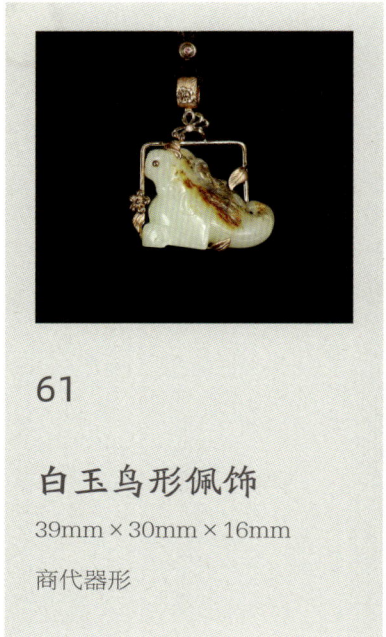

61

白玉鸟形佩饰

39mm × 30mm × 16mm

商代器形

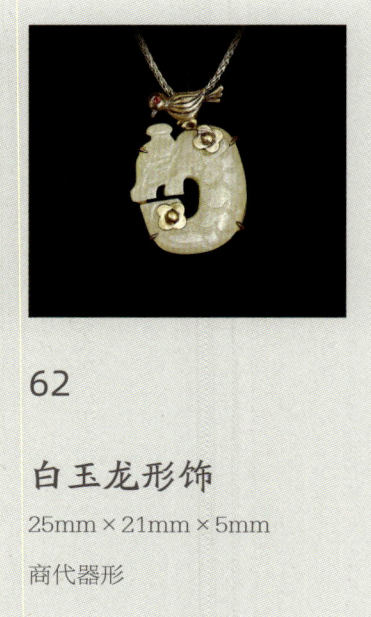

62

白玉龙形饰

25mm × 21mm × 5mm

商代器形

64

白玉鸟形佩饰

27mm × 20mm × 4mm

商代器形

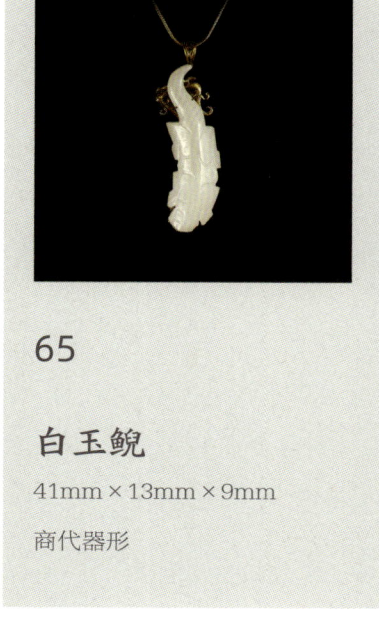

65

白玉鲵

41mm × 13mm × 9mm

商代器形

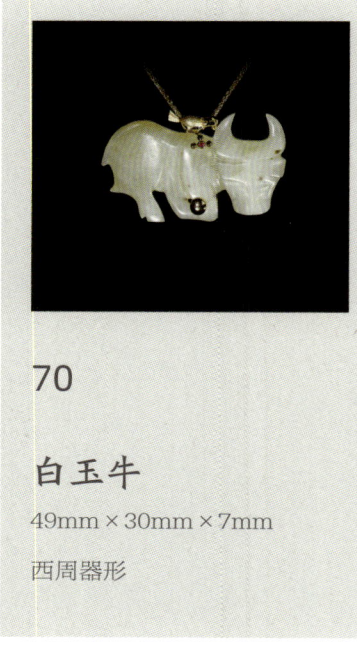

70

白玉牛

49mm × 30mm × 7mm

西周器形

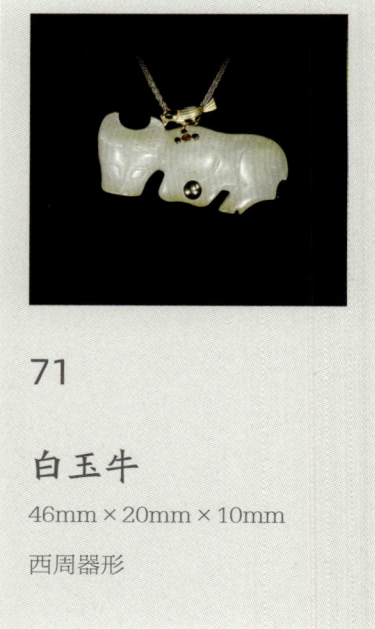

71

白玉牛

46mm × 20mm × 10mm

西周器形

72

白玉牛

24mm × 14mm × 6mm

西周器形

73

白玉牛

51mm × 23mm × 7mm

西周器形

74

白玉蝉形佩

42mm × 12mm × 10mm

西周器形

75

白玉蝉形佩

41mm × 23mm × 2mm

西周器形

76

玉贝币

16mm × 10mm × 4mm

西周器形

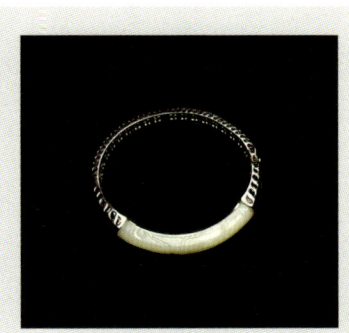

77

白玉镶白金镯

53mm × 50mm × 9mm

西周器形

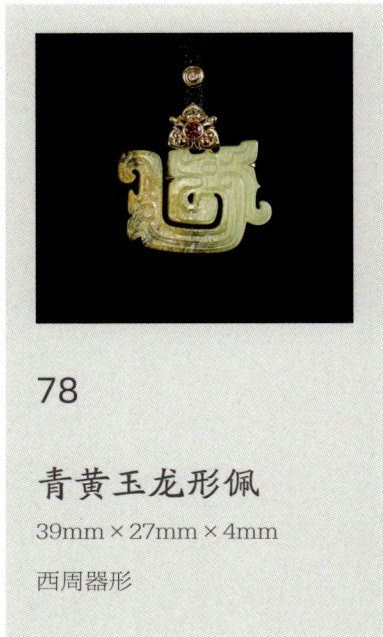

78

青黄玉龙形佩

39mm×27mm×4mm

西周器形

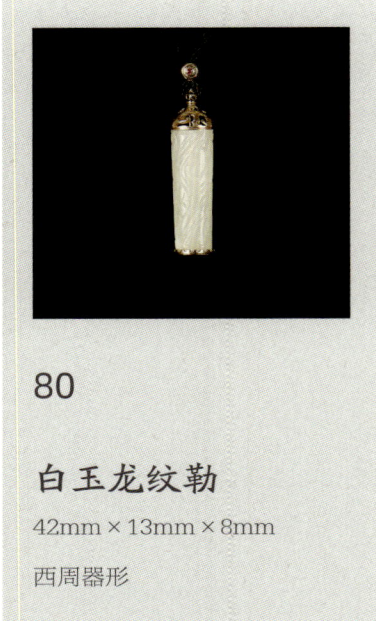

80

白玉龙纹勒

42mm×13mm×8mm

西周器形

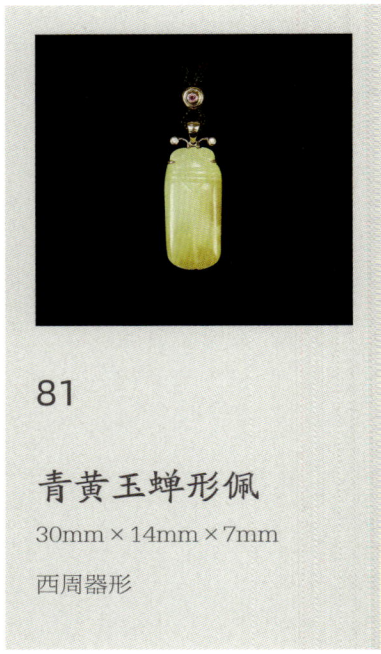

81

青黄玉蝉形佩

30mm×14mm×7mm

西周器形

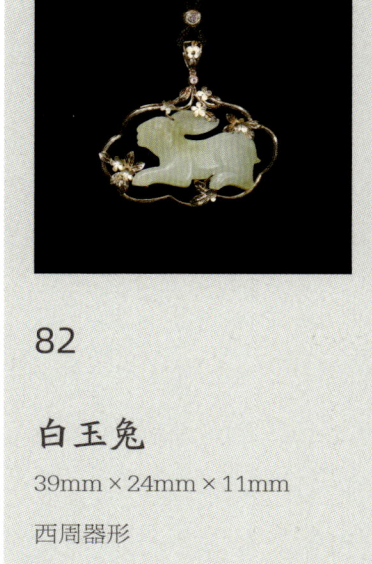

82

白玉兔

39mm×24mm×11mm

西周器形

83

白玉兔

47mm×27mm×10mm

西周器形

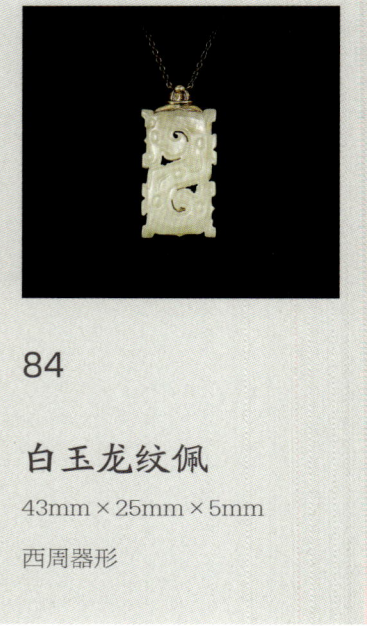

84

白玉龙纹佩

43mm×25mm×5mm

西周器形

86

白玉兔

35mm × 26mm × 5mm

西周器形

87

白玉兽形佩

39mm × 15mm × 6mm

西周器形

88

青白玉兔

34mm × 20mm × 5mm

西周器形

90

黄玉柄形器

56mm × 16mm × 8mm

西周器形

91

白玉龙纹饰

58mm × 19mm × 4mm

西周器形

92

白玉龙纹佩

58mm × 15mm × 5mm

西周器形

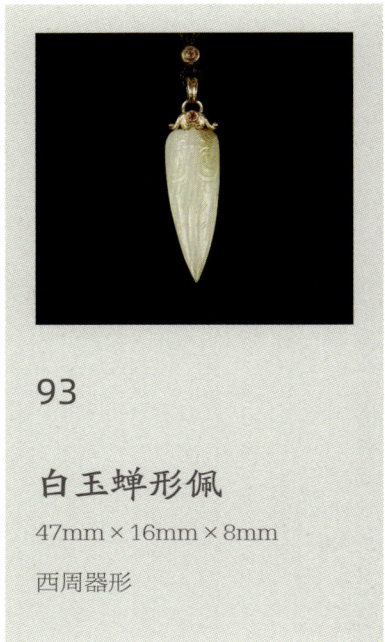

93

白玉蝉形佩

47mm×16mm×8mm

西周器形

94

白玉饕餮纹佩

31mm×29mm×11mm

西周器形

96

白玉鱼

45mm×12mm×2mm

西周器形

97

白玉龙纹勒

35mm×12mm×10mm

西周器形

98

青白玉人龙合体佩

48mm×33mm×5mm

西周器形

100

白玉牛

31mm×17mm×8mm

西周器形

101

白玉牛

39mm × 20mm × 10mm

西周器形

102

青玉牛

33mm × 21mm × 10mm

西周器形

104

青白玉盾形饰

32mm × 30mm × 7mm

西周器形

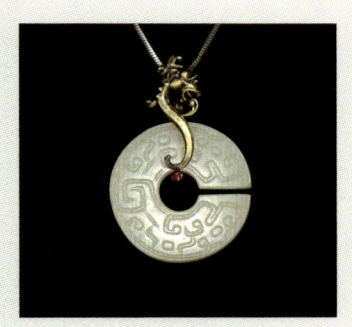

110

白玉龙纹玦

37mm × 6mm

春秋器形

111

白玉龙纹玦

33mm × 6mm

春秋器形

112

黄玉饕餮纹佩

5mm × 38mm × 4mm

春秋器形

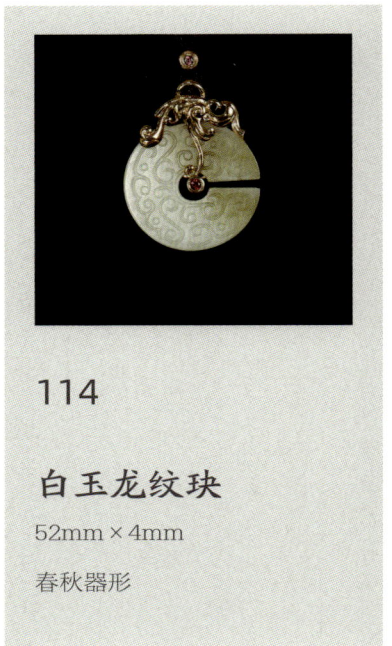

114

白玉龙纹玦

52mm × 4mm

春秋器形

115

青白玉龙纹佩

50mm × 27mm × 5mm

春秋器形

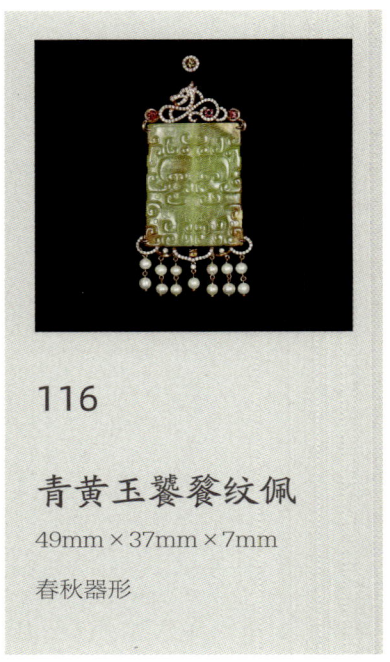

116

青黄玉饕餮纹佩

49mm × 37mm × 7mm

春秋器形

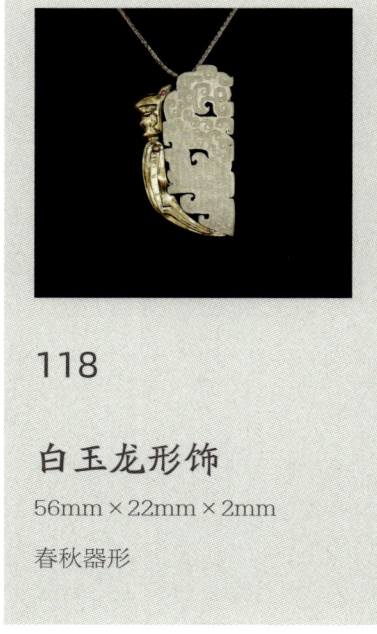

118

白玉龙形饰

56mm × 22mm × 2mm

春秋器形

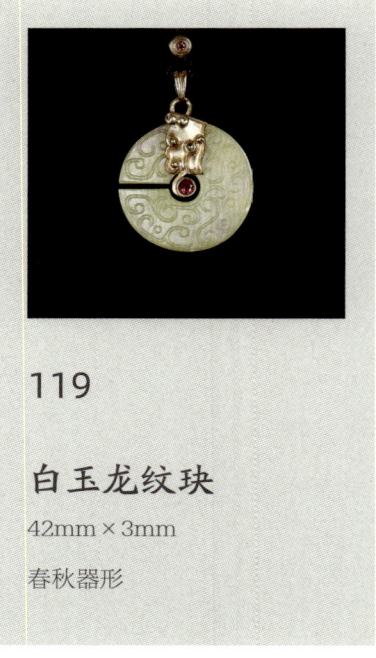

119

白玉龙纹玦

42mm × 3mm

春秋器形

120

青黄玉龙纹璧

44mm × 4mm

春秋器形

126

青白玉饕餮纹佩

33mm × 33mm × 10mm

战国器形

127

青白玉双龙首璜形佩

52mm × 26mm × 4mm

战国器形

128

白玉龙纹佩

55mm × 33mm × 5mm

战国器形

129

白玉虎形佩

33mm × 18mm × 10mm

战国器形

130

白玉蟠螭纹璧

51mm × 4mm

战国器形

132

白玉蟠螭纹勒

35mm × 16mm × 10mm

战国器形

133

白玉牛首形佩

41mm × 36mm × 11mm

战国器形

134

白玉兽首形佩

35mm × 22mm × 12mm

战国器形

135

白玉云纹勒

47mm × 17mm × 10mm

战国器形

136

青白玉双龙首璜形佩

52mm × 26mm × 4mm

战国器形

138

玛瑙环

40mm × 8mm

战国器形

139

玛瑙环

50mm × 7mm

战国器形

140

水晶龙形佩

57mm × 36mm × 7mm

战国器形

141

棱状水晶饰

47mm × 15mm × 10mm

战国器形

142

黄玉凤纹出廓璧

65mm × 41mm × 5mm

战国器形

144

青玉陶索纹环

28mm × 5mm

战国器形

145

红缟玛瑙璧

34mm × 6mm

战国器形

146

红缟玛瑙璧

37mm × 6mm

战国器形

147

紫晶佩饰

28mm×10mm

战国器形

148

青白玉双龙首璜

81mm×38mm×6mm

战国器形

149

白玉凤纹环

52mm×5mm

战国器形

150

白玉龙纹环

52mm×5mm

战国器形

152

白玉蟠螭纹璧

52mm×3mm

战国器形

153

青白玉双龙首璜

88mm×33mm×5mm

战国器形

154

白玉鸟形佩饰

40mm×6mm

战国器形

155

黄玉谷纹璧

21mm×5mm

战国器形

156

青黄玉舞人佩

44mm×26mm×4mm

战国器形

158

白玉蝉形佩

31mm×13mm×7mm

战国器形

159

白玉蝉形佩

32mm×14mm×6mm

战国器形

160

白玉蝉形佩

30mm×15mm×6mm

战国器形

161

白玉蝉形佩

27mm × 13mm × 7mm

战国器形

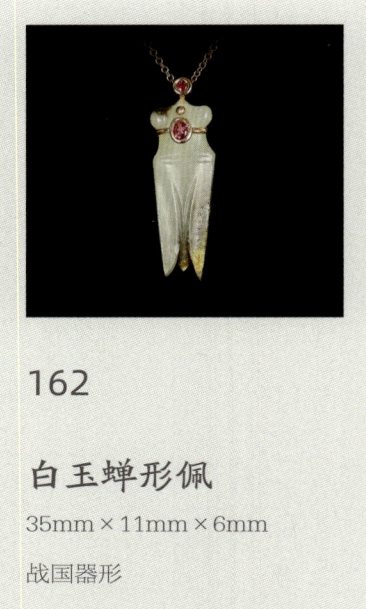

162

白玉蝉形佩

35mm × 11mm × 6mm

战国器形

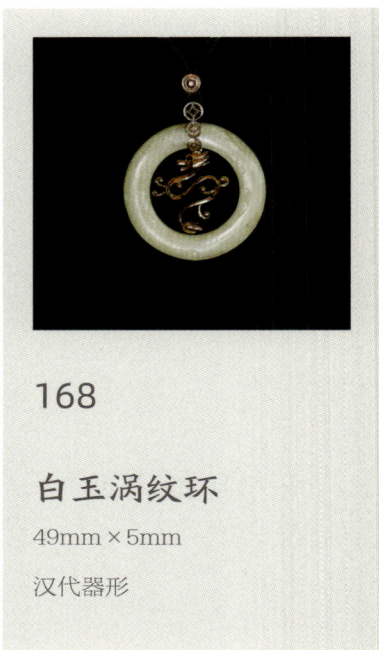

168

白玉涡纹环

49mm × 5mm

汉代器形

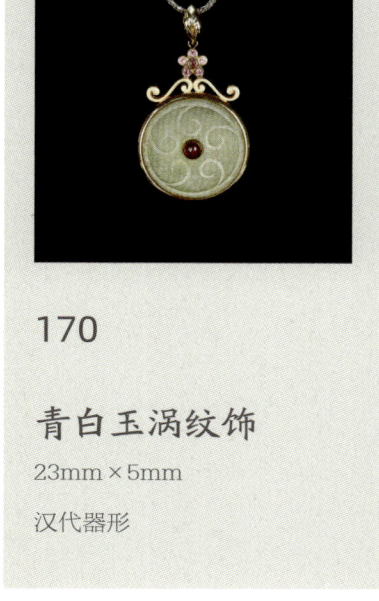

170

青白玉涡纹饰

23mm × 5mm

汉代器形

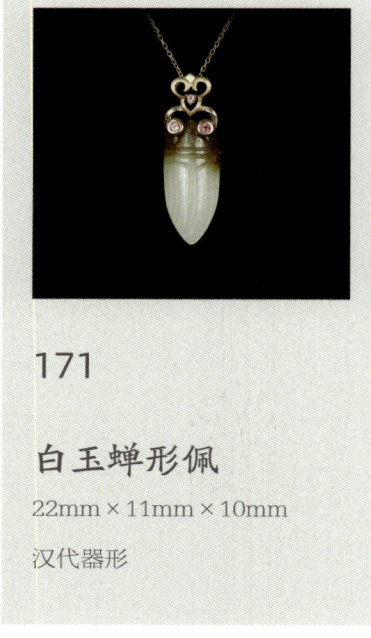

171

白玉蝉形佩

22mm × 11mm × 10mm

汉代器形

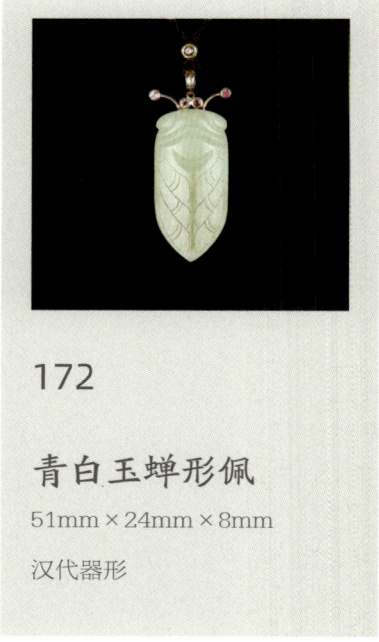

172

青白玉蝉形佩

51mm × 24mm × 8mm

汉代器形

173

白玉蝉形佩

24mm × 13mm × 5mm

汉代器形

174

青白玉谷纹璧

56mm × 5mm

汉代器形

175

白玉螭龙纹璧

54mm × 4mm

汉代器形

176

白玉龙纹佩

59mm × 38mm × 4mm

汉代器形

177

心形佩

50mm × 37mm × 4mm

汉代器形

178

白玉龙纹璧

54mm × 2mm

汉代器形

179

白玉朱雀佩

55mm × 38mm × 6mm

汉代器形

180

白玉工字佩

30mm × 25mm × 8mm

汉代器形

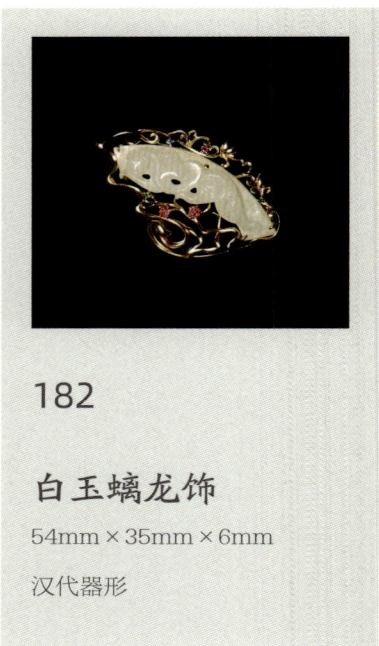

182

白玉螭龙饰

54mm × 35mm × 6mm

汉代器形

183

白玉翁仲

46mm × 12mm × 8mm

汉代器形

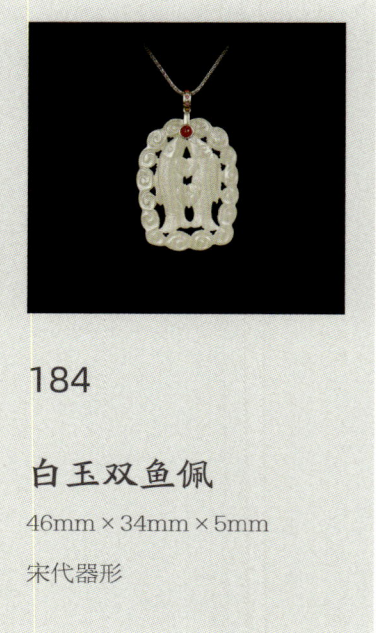

184

白玉双鱼佩

46mm × 34mm × 5mm

宋代器形

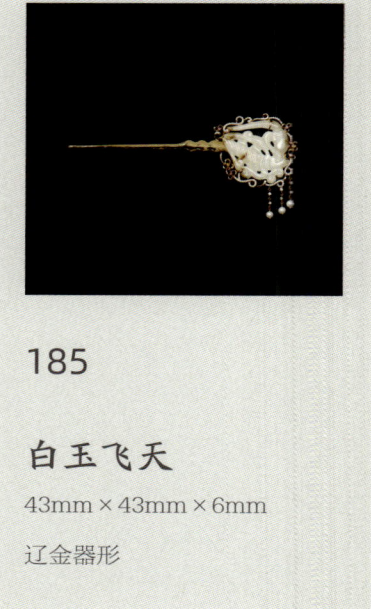

185

白玉飞天

43mm × 43mm × 6mm

辽金器形

186

琉璃耳坠

彩石8颗

清代器形

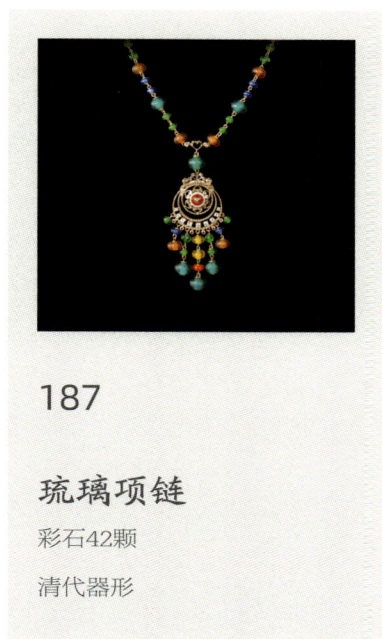

187

琉璃项链

彩石42颗

清代器形

后 记

丁 峰

  中国玉器的发展历史十分悠久，它伴随着华夏民族的整个发展过程。它们在每个时期都各自具有独特而鲜明的风格，又具有承前启后，和历史的进程紧密相连的特点。以玉器为载体的玉文化，则深刻地反映和影响了中国人传统的思想观念并深入到人们的日常生活中。其中，高古玉因久远的年代、丰富的文化内涵、较高的历史研究价值受到国内外收藏家的追捧，甚至有人将其称为"东方艺术品中的奢侈品"。

  我对古玉潜心研究和倾囊收藏已有三十余年，每每看到一些玉质温润、造型精美的玉器总觉得应该将其在生活中展示出来，遂产生了用古玉结合当今时尚元素，以东西方结合的全新形式展现在大众面前的念头。首先在选择器形方面，玉质温润、体积小巧、纹饰精美、适合佩戴的是为首选。设计要求方面，务必要保留古玉完整不受破坏，在装饰内容上也应汲取玉器的纹饰特征再融入现代装饰手法，使两者能够融洽地合二为一。在镶嵌工艺方面，追求工匠精神，要求手工雕蜡制版，真正做到一玉一款，独一无二。

  如此这番设计的金镶古玉，其造型古朴典雅，不失高贵，令人耳目一新。它们在保持着饰品的时尚和收藏价值的同时，还可广泛应用于人们的各种社交活动中，其所蕴含的浓厚文化内涵、内敛的东方艺术魅力，是名媛尊贵、谦谦君子的首选，也是权贵者彰显身份的象征。第一批金镶古玉首次在第18届上海艺术节活动中展出，一经亮相就得到了诸多收藏爱好者的关注和观赏一致好评。这次展览过后我即酝酿将这批金镶古玉以图文形式集结成册的想法，让这些集"真、精、美、珍"于一体的跨界作品充分地展现出来。当然，在拍照、排版等工作上我们也是花了不少功夫，听取大量的意见和建议后反复修改，力求给读者呈现出金镶古玉最美的一面。

  本书在设计过程中，得到了不少仁人志士的支持和帮助，在此均致以衷心的感谢。同时，也期待着读者朋友们给我们提出新的建议和帮助。

封面题字：张广文

责任编辑：章腊梅
装帧设计：李　文
责任校对：杨轩飞
责任印制：张荣胜

图书在版编目（CIP）数据

金昭玉粹：古董玉器装饰选粹 / 丁峰编著. -- 杭州：中国美术学院出版社，2019.9

ISBN 978-7-5503-2040-6

Ⅰ.①金… Ⅱ.①丁… Ⅲ.①古玉器—中国—图集 Ⅳ.①K876.82

中国版本图书馆CIP数据核字(2019)第195419号

金昭玉粹——古董玉器装饰选粹

丁　峰　编著

出 品 人：祝平凡
出版发行：中国美术学院出版社
地　　址：中国·杭州市南山路218号　　邮政编码：310002
网　　址：http://www.caapress.com
经　　销：全国新华书店
印　　刷：上海雅昌艺术印刷有限公司
版　　次：2019年11月第1版
印　　次：2019年11月第1次印刷
印　　张：14.5
开　　本：889mm×1194mm　1/16
字　　数：180千
图　　数：367幅
印　　数：0001-3000
书　　号：ISBN 978-7-5503-2040-6
定　　价：188.00元